ERKENNTNIS UND BEKENNTNIS

HEFT 5

GENERALAMNESTIE
als völkerrechtliches Postulat

Vortrag von

Rechtsanwalt Professor Dr. Friedrich Grimm

Freiburg, früher Essen

SPRINGER FACHMEDIEN WIESBADEN GMBH

Rechtsanwalt Professor Dr. Friedrich Grimm

hielt diesen Vortrag am 12. Februar 1951 in Düsseldorf

ISBN 978-3-663-00570-4 ISBN 978-3-663-02483-5 (eBook)
DOI 10.1007/978-3-663-02483-5

Ursprünglich erschienen bei Westdeutscher Verlag Köln und Opladen 1951.
Einbandentwurf A. Reuter

Als um die Jahreswende der Gedanke an mich herangetragen wurde, daß ich einmal in Ihrem Kreise über das völkerrechtliche Prinzip der Tabula rasa und die Notwendigkeit einer allgemeinen Befriedungsamnestie sprechen sollte, da war mir von der kürzlich erfolgten Gnadenmaßnahme des amerikanischen Hohen Kommissars McCloy und des amerikanischen Oberkommandierenden in Europa, General Handy, nichts bekannt. Der heutige Vortrag ist daher keine Stellungnahme zu diesen Gnadenmaßnahmen. Er hat damit nichts zu tun. Diese Maßnahmen sind in Ausübung der dem jeweiligen Inhaber der Exekutive zustehenden Befugnis, Urteile seiner Gerichte im Wege der Gnade zu mildern, erfolgt. Mein heutiger Vortrag hat zum Ziel, das Problem auf einer anderen, höheren Rechtsebene zu behandeln, als ein völkerrechtliches Postulat, oder, wie man auch sagen könnte, ein Postulat des Naturrechts, für das die Hohen Kommissare nicht zuständig sind, das vielmehr sich unmittelbar an die Regierungen der Länder richtet, die am letzten Weltkrieg beteiligt waren, und die sich jetzt vor die Aufgabe gestellt sehen, Frieden zu schließen und eine neue Ordnung aufzurichten, die den Völkern Europas und der Welt wieder ein Zusammenleben ermöglichen soll.

Es ist viel zu wenig bekannt und man hat manchmal fast den Eindruck, als hätte die Menschheit von heute es ganz vergessen, daß die Forderung nach einer allgemeinen Befriedungsamnestie eine unabdingbare, notwendige und selbstverständliche Klausel jedes Friedensvertrages ist. Das ist schon so seit Hugo Grotius und dem Westfälischen Frieden, dem Frieden, der dem Chaos des Dreißigjährigen Krieges ein Ende setzte. Der Frieden soll einen Schlußstrich unter die bewegte Zeit des Krieges und der Kriegs- und Nachkriegswirren ziehen. Es soll reiner Tisch, tabula rasa, mit der Vergangenheit gemacht werden. Eine allgemeine Befriedung nach innen und außen soll eintreten. Man will wieder aufbauen. Die Wunden des Krieges sollen geheilt werden. Die friedlichen Beziehungen zwischen den Völkern, die sich gestern bekriegt haben, besonders die Handels- und Wirtschaftsbeziehungen, aber auch die kulturellen Beziehungen, sollen wieder hergestellt werden.

Das geht nur, wenn die Leidenschaften, welche der Krieg hervorgerufen hat und die in den modernen Kriegen durch die Propaganda, die zu einer wichtigen Kriegswaffe geworden ist, in gefährlicher Weise gesteigert worden sind, abgebaut und die Gefühle von Haß, Rache und Vergeltung überwunden werden.

Ein neues Zusammenleben der Völker ist nicht möglich ohne eine allgemeine Beruhigung und Befriedung, ohne Entspannung und Vertrauen nach innen und außen. Die öffentliche Meinung in den Ländern, die nunmehr das Kriegsbeil begraben und sich wieder friedlicher Arbeit zuwenden wollen, darf nicht länger durch politische Prozesse, die mit Kriegsvorgängen zusammenhängen, oder Strafvollstreckungen oder Rechtskämpfe um die Freilassung und Rehabilitierung politischer Gefangener beunruhigt werden.

Die Bereinigung all dieser Kriegsfolgen durch eine allgemeine Befriedungsamnestie ist damit zu einer Forderung des Völkerrechts geworden. Die Völker haben auf diese Amnestie einen Rechtsanspruch gegenüber der eigenen Regierung, aber auch den Ländern, die früher ihre Gegner waren. Diese Erkenntnis besteht seit dem Frieden von Münster und Osnabrück, dem Frieden, der die deutsche Zersplitterung und Ohnmacht besiegelte, aber trotzdem im Gedächtnis des deutschen Volkes als eine Wohltat haften geblieben ist, weil er eben nach einer furchtbaren Wirrnis Frieden gebracht hat: Frieden, d. h. Beendigung des Zustandes von Unrecht und Gewalt, Greuel und Grausamkeit, Zuchtlosigkeit und Willkür. Nie ist den Völkern das so zu Bewußtsein gekommen wie damals, daß der Frieden das höchste Rechtsgut ist; und deshalb ist der Westfälische Frieden den Völkern trotz aller Bitterkeit, die er brachte, als etwas Heiliges, als ein ewiges Grundgesetz erschienen, als welches er sich selbst bezeichnet. Er brachte Ordnung und Frieden nach dreißigjähriger Drangsal. Er erfüllte die Sehnsucht der Völker, die, des Krieges müde, nur eines wünschten: Freiheit von Furcht, Wiederherstellung von Recht und Sicherheit.

Dieser grundlegende Gedanke ist in § 1 an den Anfang des Vertrages gestellt, wie er in Münster zwischen dem Kaiser und Frankreich geschlossen wurde. Wir Deutsche sollten uns heute, wo wir eine ähnliche Zeit der Kriegswirren hinter uns haben, mehr mit dem Westfälischen Frieden beschäftigen. Wir hatten gehofft, nach diesem Kriege seinen politischen Inhalt, die deutsche Zersplitterung, zu überwinden. Wir werden heute schaudernd gewahr, daß wir nach dem furchtbaren Zusammenbruch, den wir erlebt haben, froh sein müssen, wenn wir aus der Not der Zeit wenigstens das von diesem ewigen Grundgesetz von Münster retten können, was daran gut war, den Gedanken des Friedens und der Völkerversöhnung.

In § 2 des Friedens von Münster ist das folgendermaßen stipuliert: „Beiderseits soll all das ewig vergessen und vergeben sein, was von Beginn dieser Unruhen an, wie und wo nur immer, von der einen oder anderen Seite, hinüber und herüber, an Feindseligkeiten geschehen ist." Dann folgen nähere Ausführungen hierzu, die im einzelnen nicht interessieren. Schließlich heißt es: „Vielmehr sollen alle und jede, von hier und von dort, sowohl vor dem Kriege als während des Krieges zugefügten Beleidigungen, Gewalttätigkeiten, Feindseligkeiten, Schäden und Unkosten ohne jedes Ansehen der Person oder der Sache derart gänzlich abgetan sein, daß alles, was auch immer der eine von dem anderen unter diesem Namen beanspruchen könnte, in ewiger Vergessenheit begraben sei."

Im Frankfurter Frieden von 1871 haben wir in Art. II Abs. 2 eine ausdrückliche Amnestieklausel für die Bewohner der abgetretenen Gebiete, für die man damals allein eine strafrechtliche Verfolgung wegen Kriegsverbrechen befürchten konnte. Es heißt dort: „Kein Bewohner der abgetretenen Gebiete darf wegen seiner politischen oder militärischen Handlungen während des Krieges in seiner Person oder seinen Gütern verfolgt, beunruhigt oder verhaftet werden." Der Gedanke der Kriegsamnestie war noch 1918 im Rechtsbewußtsein der Völker derart verankert, daß schon im Waffenstillstandsabkommen vom 11. 11. 1918 das gleiche bestimmt wurde. Kein Bewohner der auf Grund dieses Abkommens besetzten deutschen Gebiete durfte wegen seiner Teilnahme an Kriegshandlungen verfolgt, verhaftet oder weggeführt werden. Dann kam die erste Enttäuschung: Versailles! Versailles enthielt keine Amnestieklausel, sondern eine Bestimmung, in der die Auslieferung des Kaisers, der Generale und Staatsmänner verlangt wurde.

Die Lehre von der allgemeinen Befriedungsamnestie als einer notwendigen Klausel jedes Friedensvertrages ist besonders stark von den französischen Autoren des Völkerrechts entwickelt worden. Ich darf hier namentlich auf Despagnet, Cours de droit international public[1], verweisen, der dieses Prinzip sehr klar herausgearbeitet hat und die Ansicht vertritt, daß die Generalamnestie ein integrierender Bestandteil des Friedensschlusses, eine clause sous-entendue de toute paix, ist, die als selbstverständliche, ungeschriebene Klausel auch dann gilt, wenn sie im Friedensvertrag gar nicht aufgeführt wird. Das Ziel dieser Generalamnestie, das Interesse oder Rechtsgut, das damit verfolgt wird, ist die Befriedung der bis dahin vom Kriege und seinen Folgen betroffenen Völker.

Befriedung, das ist ja der wichtigste Bestandteil des Friedens, ein Ziel, das mit allen Mitteln von den Völkern verfolgt werden muß, für das sie aber auch Opfer zu bringen haben. Das ist ein Rechtsproblem, mit dem sich die Völker beschäftigt haben, seitdem es Kriege gibt, und namentlich, seitdem man begonnen hat, in den zivilisierten Ländern sich darauf zu besinnen, daß es auch in und nach einem Kriege gewisse Rechtsregeln gibt, die auch dem Feinde gegenüber beachtet werden sollten (Etiam hosti justitia). Es ist nun nicht zu verkennen, daß die Entwicklung dieses Prinzips im Gegensatz zu einer anderen Tendenz sich vollzog, die sich ebenfalls auf das Recht beruft und eine „Sühne" und „Strafe" für das mit Bezug auf den Krieg begangene Unrecht zum Ziel hat.

Je heftiger sich in den modernen Kriegen Haß und Leidenschaften entwickelt hatten, um so mehr wurde auf seiten der Partei, die schließlich Sieger blieb, das Verlangen nach Bestrafung der sogenannten „Kriegsverbrecher" gestellt. Dem Tabularasa-Prinzip trat das Sühneprinzip gegenüber. Trotzdem hat sich in der Rechtsmeinung der Völker zuletzt doch immer wieder die Auffassung durchgesetzt, daß der Frieden reinen Tisch mit der Vergangenheit machen und die Leidenschaften des Krieges durch eine ruhigere Betrachtungsweise ersetzen sollte, die allein eine erneute Zusammenarbeit der Völker möglich macht.

Man mag es bedauern, daß es auf diese Weise nicht möglich ist, alle Menschen, die während eines Krieges Unrecht getan haben, der Bestrafung zuzuführen, aber die Notwendigkeit, einen wahren und totalen Frieden wieder herzustellen, ist nun einmal ein zwingenderes Erfordernis

[1] Paris 1905 S. 112, No. 3 und 4; Deutsche Juristenzeitung 1923, S. 570 ff.

als die Befriedigung des Rechtsempfindens im einzelnen Fall. Der römische Grundsatz, daß das öffentliche Wohl das höchste Gesetz sei (salus publica suprema lex), verlangt gebieterisch, daß das Sühnebedürfnis der einzelnen dem Zwang der Herstellung einer allgemeinen Beruhigung weichen muß. Ein zu starres Festhalten am Sühnegedanken würde die Gefahr heraufbeschwören, die die Römer mit dem Satz bezeichneten: „Fiat justitia, pereat mundus."

Es handelt sich hier, wo zwei Rechtsprinzipien, das Sühneprinzip und das Tabularasaprinzip, einander gegenüber treten, um einen Konflikt, den man „Interessenkollision" nennt. Das Bedürfnis nach Sühne der sogenannten Kriegsverbrechen tritt in Konflikt zu dem Interesse der Menschheit an einer allgemeinen Befriedung. Das Reichsgericht hat einmal in einer denkwürdigen Entscheidung sich mit dem Rechtsproblem der Interessenkollisionen auseinander gesetzt und entschieden, daß bei echter Interessenkollision das niedere Interesse dem höheren zu weichen hat.

Amnestien können aus den verschiedensten Gründen erlassen werden, z. B. aus Gründen staatspolitischer Nützlichkeit, bei freudigen Anlässen, an Festtagen der Nation. Man soll von diesen gewöhnlichen Amnestien einen sparsamen Gebrauch machen, weil sie geeignet sind, die Rechtssicherheit zu erschüttern. Es gibt aber neben diesen Nützlichkeitsamnestien auch Amnestien, auf die die Volksgemeinschaft einen moralischen und politischen Anspruch, ja geradezu ein Recht hat. Dabei ist unter Recht allerdings nicht das positive Recht, das geschriebene oder Buchstabenrecht, zu verstehen, sondern das Recht im Sinne einer „Höheren Gerechtigkeit", ein Recht im Sinne des Naturrechtes, das als ungeschriebenes, oder wie die Wissenschaft sagt, „ungesatztes Recht" stets immanent vorhanden ist, dessen Umfang und Inhalt im einzelnen nur erkannt werden muß. Der Erlaß einer solchen Amnestie entspricht einer sittlichen und rechtlichen Pflicht der Organe des Staates, während die gewöhnliche Amnestie nur von dem arbiträren Ermessen der Staatsgewalt abhängt.

Die Unterscheidung zwischen „Nützlichkeitsamnestie" und „Rechtsamnestie" ist im Grunde dieselbe, wie sie sich auch bei der Handhabung der Einzelbegnadigungen findet. Auch in der Gnadenpraxis ist zwischen den gewöhnlichen Begnadigungen, die aus Mitleid oder Nachsicht erfolgen und auf Grund bloßen Ermessens der zuständigen Gnadeninstanz gewährt werden, und den Begnadigungen, die mit „Rechtsgründen" motiviert werden, zu unterscheiden. Das zeigt sich besonders, wenn die Straftaten „unter außergewöhnlichen Umständen" begangen sind, unter Umständen, unter denen das für normale Zeiten geschriebene positive Recht versagt, sei es nun, daß schon das materielle Strafrecht sich als unzulänglich erweist, sei es, daß die prozessualen Rechtsbehelfe ungeeignet sind, um den außergewöhnlichen Umständen der Tat gerecht zu werden. Solche außergewöhnlichen Umstände, die den Richter und die sonstigen Strafverfolgungsorgane des Staates vor schwierige Aufgaben stellen, pflegen namentlich als Folge von Krieg und Staatsumwälzungen aufzutreten. Sie sind schon im Anschluß an den Krieg 1914/18 und die damaligen Nachkriegswirren hervorgetreten. Sie haben nach dem zweiten Weltkrieg einen Umfang angenommen, der alle menschliche Voraussicht übersteigt. Das gilt nicht nur für Deutschland, sondern auch für die Siegerstaaten.

Seien wir uns also erst einmal über die Begriffe klar. Man kann Urteile von Strafgerichten, die in Zeiten außergewöhnlicher politischer Umwälzungen ergangen sind und später nach eingetretener Beruhigung als nicht mehr tragbar empfunden werden, auf zweierlei Weise durch staatspolitischen Akt in Ordnung bringen, einmal im Wege der Einzelbegnadigung, der grâce amnistiante, wie man in Frankreich sagt, und sodann durch Amnestie. Die Amnestie ist ein genereller Akt, der im Gesetzeswege erfolgt und ganze Kategorien von Menschen erfaßt, ohne daß im einzelnen nachgeprüft wird, ob die betreffende Person, der sie zugute kommt, der gewährten Wohltat auch würdig ist. Die Amnestie führt also den erstrebten Erfolg der tabula rasa schneller, allgemeiner und restloser durch, während die Einzelbegnadigung den Vorteil, aber auch den Nachteil hat, daß die besonderen Umstände des Einzelfalles, der Persönlichkeit des Betroffenen, der Gesundheitszustand, gute Führung und sonstige Momente berücksichtigt werden können. Ich sage „Nachteil", weil bei diesem Verfahren die schwierige Frage, wieweit man bei Gewährung von Straffreiheit gehen kann, in jedem einzelnen Fall sich stellt, während sie sonst durch einen gesetzgeberischen Akt gleichmäßig für alle davon betroffenen Fälle mit einem Schlage entschieden werden kann.

Die Regierungen, welche vor die Aufgabe gestellt werden, eine Entspannung und Befriedung herbeizuführen, pflegen zunächst den Weg der Einzelbegnadigung als vorbereitenden Schritt zu wählen, als erste Etappe. Die endgültige Befriedung aber läßt sich in der Regel nur auf dem Gesetzeswege durch eine allgemeine Amnestie erreichen. Nach Erlaß dieser Amnestie wird man dann ein zweites Mal von der Möglichkeit von Einzelbegnadigungen zur Ergänzung der Amnestie Gebrauch machen, wenn es sich herausstellt, daß die Formulierung der Generalamnestie die zu amnestierenden Fälle doch nicht ausreichend erfaßt, sondern „Grenzfälle“ übrig bleiben, die nur einzeln geregelt werden können.

Die jetzt in Landsberg durchgeführte Gnadenaktion, zu der ich, wie gesagt, im einzelnen nicht Stellung nehmen möchte, ist sicherlich eine höchst bedeutsame Maßnahme der Einzelbegnadigung, eine wichtige Etappe auf dem Wege der Befriedung und Entspannung. Aber sie kann und will auch nicht mehr sein. Es handelt sich um typische Gnadenakte, um das Bestreben, wie McCloy in seiner Erklärung sagte, „Gerechtigkeit durch Gnade zu mildern“[2], es ist ein „Gnadenakt großen Stils“, wie es in der Neuen Zeitung heißt[3]. An die Urteile selbst, ihre Rechtmäßigkeit und Ordnungsmäßigkeit wird nicht gerührt. Es wird auch in vollem Umfang an dem Sühneprinzip (Verlangen nach Gerechtigkeit) festgehalten. Nach der Begründung der Begnadigung sollen die strafmildernden Entscheidungen nur auf Erwägungen beruhen, die außerhalb der Rechtssphäre liegen, wie z. B. gutes Betragen.
Es handelt sich also nur um normale Gnadenakte. Wörtlich heißt es mit Bezug auf die Erörterung von Rechtsfragen: „Das ist nicht der Sinn und die Aufgabe des Gnadenrechtes der Exekutive.“ Im Bericht des Beratenden Ausschusses aber wird gesagt: „Der Beratende Ausschuß hatte die Anweisung, die Urteile nicht nach Rechtslage oder Tatbestand zu überprüfen.“ Man kann also Hellmut Becker nur beipflichten, wenn er in der Zeitung „Die Welt“ in seiner Würdigung von Landsberg unter der Überschrift: „Recht, Macht und Gnade“ schreibt, daß der jetzige „Gnadenentscheid noch kein Recht schaffen konnte“[4] und daß unter die politische Justiz der letzten fünf Jahre noch kein Schlußstrich gezogen und noch nicht „reiner Tisch“ gemacht ist. Diese Entscheidungen bringen für 1951, wie Becker mit Recht betont, noch nicht „die endgültige Lösung, die die Völker erhoffen“. In der neuesten Nummer der Zeitschrift „Christ und Welt“ wird hierzu ausgeführt, daß bei aller Anerkennung der

[2] Die Neue Zeitung 1. 2. 1951 No. 27, S. 1.

[3] Die Neue Zeitung 1. 2. 1951 No. 27, S. 5.

[4] Die Welt 1. 2. 1951 No. 27, S. 2.

Sorgfalt, mit der die Landsberger Entscheidung getroffen sei, sie doch noch ein Stück von „Nürnberg“ sei, ja Nürnberg ausdrücklich bestätige. Man könne also noch nicht sagen, daß „Nürnberg überwunden“ sei.
Es stehen demnach auch heute noch die beiden Prinzipien einander gegenüber: Nürnberg als Verkörperung des Sühneprinzips und die Tabula rasa, das Prinzip des Friedens. Aber wir haben ja noch keinen Frieden! Wir haben noch nicht die tabula rasa, die ein Teil des Friedens ist. Es ist erst ein Ziel, um das wir kämpfen. Es ist aber gut, das Ziel zu sehen und die Völker dafür bereit zu machen. Denn ohne tabula rasa gibt es keinen Frieden.

Man versteht die Dringlichkeit des Amnestieproblems erst ganz, wenn man die Erfahrungen berücksichtigt, die wir nach dem ersten Weltkrieg damit gemacht haben. Alle Probleme, die die Menschheit heute bewegen, sind mehr oder weniger schon nach dem ersten Weltkrieg, wenn auch in geringerem Maße, aufgetreten. Das ist jedenfalls richtig, soweit es sich um das Grundsätzliche handelt. Der Unterschied zwischen heute und damals besteht hauptsächlich in der Tatsache, daß der Krieg, der 1918 ja auch schon gewisse Formen des totalen Krieges angenommen hatte, von 1942 ab derart total wurde, daß man gewisse Entartungserscheinungen allein schon um ihres Ausmaßes willen mit denen von 1918 nicht mehr vergleichen kann.
Trotzdem werden wir gut daran tun, bei der Lösung der heutigen Nachkriegsprobleme an die Erfahrungen anzuknüpfen, die wir mit diesen Fragen nach dem ersten Weltkriege gemacht haben. Wir müssen zu erforschen suchen, was damals richtig gemacht wurde, aber auch aus den Fehlern lernen, die damals gemacht wurden. Das gilt ganz besonders für die strafrechtliche Liquidation des ersten Weltkrieges. Ich fühle mich um so mehr berechtigt und verpflichtet, diese Vorgänge wieder ins Gedächtnis zu rufen, als ich an wichtigen Etappen dieser Nachkriegsentwicklung nach 1918 habe mitwirken dürfen und als Rechtsanwalt die Auswirkungen der verschiedenen Amnestien, die nach 1918 ergingen, habe übersehen können.
Dabei ist eine Besonderheit der Entwicklung nach dem ersten Weltkriege festzustellen, die heute gegeben ist. Wir haben nach dem ersten Weltkrieg in den Jahren 1918—1924, genau gesagt bis zum Londoner Abkommen vom 1. 9. 1924, eine Zeit von Nachkriegswirren (Kapp-

Putsch, Spartakuskämpfe, Ruhrkampf, Oberschlesien, Thüringen usw.) gehabt, die uns diesmal infolge der Totalbesetzung erspart geblieben sind. Es ist also für die Zeit nach 1918 immer zwischen der eigentlichen Kriegsamnestie und der Amnestie der Nachkriegswirren, die damit in Zusammenhang steht, zu unterscheiden. Es sind ferner die innerdeutschen Befriedungsamnestien und die Amnestien im Verhältnis zu den Gegnermächten (äußere Amnestien) auseinander zu halten.

Betrachtet man hiernach die Entwicklung des Amnestiegedankens nach 1918 im einzelnen, so ist festzustellen, daß die eigentliche innere Kriegsamnestie in Deutschland nach dem ersten Weltkrieg schnell zustande kam und dem Tabularasagedanken genügte. Als im November 1918 der Krieg beendet wurde, hat der Rat der Volksbeauftragten es unter Ebert als seine erste Aufgabe betrachtet, daß für die besondere politische Kriminalität des Krieges volle Straffreiheit gewährt werde. In dem Aufruf der Volksbeauftragten vom 12. 11. 1918 (RGBl. S. 1303) wurde für alle politischen Straftaten der Kriegszeit im weitesten Sinne des Wortes volle Amnestie bewilligt. Die Verbrechen gegen das Leben wurden nicht ausgenommen. Die politische Kriegsamnestie wurde noch durch die Verordnungen vom 3. und 21. 12. 1918, betreffend Straffreiheit für gemeinrechtliche Straftaten, die aus Not und Unerfahrenheit begangen waren (RGBl. S. 1393 und 1451), ergänzt. Im übrigen sind die gemeinen Verbrechen, die während des Krieges begangen wurden, soweit schwere Strafen verhängt worden waren, im Gnadenwege behandelt worden. Jedenfalls ist die Frage der politischen Kriegsamnestie damals durch den Aufruf vom 12. 11. 1918 restlos geregelt worden. Dieser Aufruf der Volksbeauftragten erfüllte alle Bedingungen einer wirklichen inneren Befriedungsamnestie. Dieser Tatsache, deren Bedeutung gar nicht genügend herausgestellt werden kann, ist es zu verdanken, daß in der Zeit nach 1918 die deutsche Öffentlichkeit durch innerdeutsche Kriegsverbrecherprozesse in keiner Weise beunruhigt worden ist.

Um die äußere Befriedungsamnestie mußte dann aber nach 1920 noch weiter gekämpft werden. Das beruhte darauf, daß der Versailler Vertrag, im Gegensatz zum Westfälischen Frieden, im Gegensatz sogar zu Art. 6 des Waffenstillstandsabkommens vom 11. 11. 1918 keine Amnestieklausel enthielt, sondern im Gegenteil zum erstenmal dem besiegten Gegner die einseitige Verpflichtung zur Verfolgung der sogenannten Kriegsverbrecher auferlegte. Sie wissen, daß dieser erste Versuch einer Kriegsverbrecherverfolgung an dem Nein des deutschen Volkes und dem Nein des kleinen Holland, das die Auslieferung des Kaisers als völkerrechtswidrig ablehnte, gescheitert ist.

Es ist dann aber auch nach dem ersten Weltkriege schließlich dennoch nachträglich gelungen, mit dem Tabularasaprinzip durchzudringen. Das geschah im Londoner Abkommen vom 1. 9. 1924, das nach dem Abschluß des Ruhrkampfes auch in anderen Fragen die erste große Entspannung und Befriedung brachte. Männer guten Willens, wie Ramsay Macdonald, Edouard Herriot, der Reichskanzler Dr. Marx, Luther und Stresemann, waren bemüht, die Welt dem Frieden näher zu bringen. Der Tabularasagedanke setzte sich durch.

Bei der ersten Zusammenkunft der Delegationen im August 1924 in London erklärten Herriot und Macdonald, daß sie entschlossen seien, „reinen Tisch" (Tabula rasa) mit der Vergangenheit zu machen und eine Amnestie zu gewähren, die einen wirklichen Frieden, eine restlose Entspannung, eine Luftreinigung zwischen den Völkern bringen solle. Das Londoner Amnestieabkommen beginnt nach der amtlichen deutschen Übersetzung mit den feierlichen Eingangsworten: „Um eine gegenseitige Befriedung herbeizuführen und um soweit als möglich Tabularasa mit der Vergangenheit zu machen . . ." So kann also die Londoner Amnestie, die allerdings nur das Außenverhältnis betraf, ebenfalls eine wirkliche Befriedungsamnestie genannt werden.

Wie damals um den Tabularasagedanken gerungen wurde, und wie sehr es sich um die gleichen Rechtsgedanken wie heute handelt, ist am besten aus den Jahrgängen 1918—1924 der von Dr. Otto Liebmann herausgegebenen Deutschen Juristenzeitung zu entnehmen, deren Mitherausgeber ich war. In einem Artikel, der als Auftakt zum Londoner Abkommen am 1. August 1924 in der Deutschen Juristenzeitung erschien (DJZ. 1924 S. 569 ff.), habe ich damals ausgeführt, daß die Amnestiefrage „zum brennendsten Gegenwartsproblem", zu einer „Ehren- und Herzensangelegenheit des ganzen deutschen Volkes" geworden sei und daß „einzelne Gnadenmaßnahmen" nicht genügten, sondern eine „wirkliche Amnestie" herbeigeführt werden müsse (S. 572). Einzelbegnadigungen waren uns damals schon durch eine sogenannte „Verwaltungsamnestie" gewährt worden. In dem Artikel heißt es weiter: „Die Verwaltungsamnestie (einzelne Gnadenerweise) wird immer eine Teillösung bleiben. Sie wird immer unvollkommen sein, und jede nur teilweise oder unvollkommene Lösung muß zur Katastrophe führen" (S. 573). „Nur ein genereller Akt kann uns helfen, die Generalamnestie, die ein Teil des Friedens ist. Der größte Fehler der Verwaltungsamnestie (Einzelbegnadigungen) aber liegt darin, daß sie keinen klaren Strich zieht zwischen Gegenwart und Vergangenheit."

Der damalige Artikel in der Deutschen Juristenzeitung schloß mit folgenden Ausführungen: „Wir durchleben eine ungemein wichtige Zeit. Das Schicksal Europas wird vielleicht für Generationen entschieden. Wir haben das Vertrauen, daß Männer guten Willens auf allen Seiten bemüht sind, diesmal wirklich reine Bahn zu schaffen zwischen dem deutschen Volk und seinen ehemaligen Gegnern. Möge das Werk im Geiste gegenseitiger Versöhnung in der liberalsten und weitherzigsten Weise vollendet werden. Mögen alle, die in irgendeiner Form unter den Wirren des letzten Jahrzehntes gelitten haben und denen noch geholfen werden kann, den Vorteil dieser Lösung bald genießen. Möge das Wort zur Wahrheit werden, das ein belgischer General nach einer denkwürdigen Kriegsgerichtssitzung aussprach: ‚Wir wollen das Vergangene vergessen und an die Zukunft denken!'"

Laßt uns das Vergangene vergessen! Hat nicht Eisenhower in Frankfurt kürzlich das gleiche gesagt:

> Let by gones be by gones!
> Laßt das Vergangene vergangen sein!

Man kann erst heute die Bedeutung der Londoner Konferenz vom 1. 9. 1924 ganz überschauen. Versailles war kein Frieden gewesen. London brachte nach dem Ruhrkampf die erste große Entspannung. Es war ein Stück des „zweiten Friedens", d. h. des wirklichen Friedens, um den Männer guten Willens hüben und drüben kämpften. Es war nicht nur eine Liquidation des Ruhrkampfes. Es war ein Teil des Friedens überhaupt. Das Amnestieproblem jedenfalls wurde dort restlos gelöst. Nach London gab es keine Kriegsverbrecher mehr. Es folgten Locarno und Thoiry. Man war auf dem rechten Weg. Es ist die Tragik unserer Generation, daß dieser Weg nicht zu Ende gegangen wurde.

Das Verlangen nach Frieden und Versöhnung war 1924 mit elementarer Wucht über die Völker gekommen. Débourrage du crâne, Reinigung des Schädels, so hatte man diesen Vorgang in Frankreich genannt. Man wollte sich mit Deutschland verständigen, man wollte von Haß und Kriegspropaganda nichts mehr wissen. Männer wie Painlevé, Anatole France, Marius Moutet stellten sich an die Spitze der Bewegung.

Schon damals, als es um die äußere Befriedungsamnestie ging, zeigte sich indes, wie sehr die Entwicklung der außenpolitischen Befriedung mit der innerpolitischen Entwicklung in den beteiligten Siegerstaaten zusammenhing. Der Gedanke, daß eine Befriedungsamnestie, und zwar auch für die politisch bewegte Nachkriegszeit notwendig war, drang in Frankreich erst mit dem Sieg des Linkskartells über den nationalen Block durch. Als im Mai 1924 die Regierung Poincaré gestürzt und durch Herriot ersetzt wurde, war die erste Tat der neuen Regierung, der das Mandat zufiel, Krieg und Nachkriegswirren, insbesondere die Ruhrbesetzung und das Jahr 1923 zu liquidieren, die Einbringung eines umfassenden Amnestiegesetzes. Am 24. 5. 1923 hielt Anatole France seine berühmte Trocaderorede, in der er sagte: „Erinnern wir uns daran, daß wir Frieden schließen und eine Generalamnestie gewähren müssen, welche eine Form des Friedens ist"[5].

Damit war zunächst nur an eine innere französische Amnestie gedacht. Der Gedanke gewann aber bald Raum, die Amnestie auf die Urteile der französischen Kriegsgerichte während des Rhein- und Ruhrkampfes auszudehnen. Damals hat der um die wechselseitige Befriedung verdiente französische Abgeordnete der Linken, Marius Moutet, der spätere Kolonialminister, zum französischen Amnestiegesetz einen Ergänzungsantrag eingebracht, welcher die Amnestierung sämtlicher deutscher Ruhrgefangenen vorsah.

Auch deutscherseits wurde im Jahre 1924 in Paris für eine abschließende deutsch-französische Befriedungsamnestie geworben. In einer Denkschrift, die ich im Frühjahr 1924 den zuständigen französischen Behörden und den Abgeordneten der französischen Kammer überreichte, und die die Überschrift trug: „Einige Gedanken über die Amnestie der deutschen Gefangenen", habe ich u. a. ausgeführt: „Um eine möglichst vollständige Versöhnung und Befriedung herbeizuführen, wäre es wünschenswert, eine Generalamnestie nicht nur für alle während des passiven Widerstandes, sondern auch während der ganzen Nachkriegszeit begangenen Handlungen zu beschließen. Schon die frühere französische Regierung hatte nach Aufgabe des passiven Widerstandes gewisse Gnadenmaßnahmen beschlossen. Aber es handelt sich immer nur um Einzelbegnadigungen. Eine Amnestie allein kann eine generelle und vollständige Maßnahme herbeiführen . . . Es wäre wünschenswert, daß die Amnestie, um ein praktisches Ergebnis zu haben, eine absolute und allgemeine

[5] Œuvre vom 25. 5. 1923.

Maßnahme würde, ein wahrer Generalpardon für alle Tatsachen, die Beziehung zum passiven Widerstand und den anderen vorangehenden Perioden haben."

So brachte das Londoner Abkommen, an dem England, Frankreich und Belgien teilnahmen, nach außen hin einen völligen Schlußstrich unter alle strafrechtlich verfolgten Tatbestände, die mit dem Krieg und den Nachkriegswirren zusammenhingen. Es war aber bedauerlich, daß diese äußere Befriedungsamnestie von 1924 nicht durch eine nochmalige innerdeutsche Unruhenamnestie ergänzt wurde. In den Bürgerkriegsjahren war von 1918 bis 1924 in Deutschland eine größere Anzahl von Tötungen vorgekommen, so nach dem Kapp-Putsch im sogenannten Rotgardistenaufstand im Ruhrgebiet allein über 1000 (vgl. Severing, Im Wetter- und Watterwinkel, Bielefeld 1927, S. 231 und Spethmann, Zwölf Jahre Ruhrbergbau, Berlin 1928, Bd. II, S. 242 ff.), in Sachsen und Thüringen sowie Oberschlesien insgesamt mehrere Tausend.

Besonders wichtig für die spätere Entwicklung des Amnestiegedankens in Deutschland waren die Kämpfe im Ruhrgebiet 1919 (Severing a. a. O., S. 16), der Ruhraufstand 1920 und das Bielefelder Abkommen. Severing, der als preußischer Regierungskommissar mit Hilfe des Generals Watter und der Freikorps den Rotgardistenaufstand an der Ruhr von Münster aus niederschlug, hatte erkannt, daß er im Interesse der inneren Befriedung den Aufständischen eine umfassende Amnestie gewähren müsse. Das Amnestieversprechen, das er im Bielefelder Abkommen gab, ist ihm sicher nicht leicht gefallen. Dazu muß man sein Buch „Im Wetter- und Watterwinkel" lesen, in dem er von den scheußlichen Verbrechen (S. 201, 213) des Rotgardistenaufstandes von 1920 mit der größten Empörung spricht und zugibt, daß es sich vielfach um Taten „notorischer Verbrecher", „wildgewordener Spießer" (182) sowie „wilder, marodierender Banden" (S. 194, 201) gehandelt habe. (Ferner S. 156, 182, 195, 198, 213.) Auf der anderen Seite waren auch bei den Freikorps bedauerliche Übergriffe zu verzeichnen.

Trotzdem entschloß sich Severing unter dem Druck der Verhältnisse, die Rotgardisten nicht als Kriegsverbrecher des damaligen Bürgerkrieges zu verfolgen, sondern ihnen eine Generalamnestie zu gewähren, weil er einsah, daß es eine Notwendigkeit sei, jenen Unruhekomplex von 1920 durch eine innerdeutsche Befriedungsamnestie zu beenden. Das Bielefelder Abkommen hat folgenden Wortlaut: „Es wird Straffreiheit denen gewährt, die in der Abwehr des gegenrevolutionären Anschlages —

Kapp-Putsch — gegen Gesetze verstoßen haben, wenn die Verstöße und Vergehen vor Abschluß dieser Vereinbarungen, spätestens aber bis zum 25. März, vormittags 8 Uhr, erfolgen." Die Frist wurde später bis zum 2. April verlängert. „Weder den Arbeitern, die an den Kämpfen teilgenommen haben, noch den Mitgliedern der Polizei und Einwohnerwehren und den Mannschaften der Reichswehr dürfen Nachteile oder Belästigungen wegen ihrer Teilnahme erwachsen."

Man kann diese Amnestie nur mit der Ebert-Amnestie vom 12. 11. 1918 vergleichen. Auch sie war eine vollkommene Generalamnestie, die keine Ausnahmen vorsah, wenn nur der Zusammenhang mit den revolutionären Kämpfen des Jahres 1920 gegeben war. Das Bielefelder Abkommen von Severing kann also genau so wie die Ebert-Amnestie von 1918 als das Muster einer allgemeinen inneren Befriedungsamnestie im Sinne einer tabula rasa bezeichnet werden.

Dieses Amnestieabkommen ist dann bis Ende April/Anfang Mai 1920 durch Freilassung aller im Zusammenhang mit den Kämpfen inhaftierten Personen tatsächlich durchgeführt worden. In Wirklichkeit hat das Abkommen aber leider nie Rechtsgültigkeit erlangt. Das Reichsgesetz vom 4. 8. 1920, welches das Amnestieversprechen Severings einlösen sollte, führte im Gegensatz zu dem Text des Bielefelder Abkommens eine Ausnahme für die vorsätzlichen Tötungsverbrechen und einige andere schwere Tatbestände ein. Es lautete folgendermaßen: „Von der Straffreiheit sind ausgeschlossen die Verbrechen gegen das Leben (§§ 211, 212, 214 StGB) und die Verbrechen der schweren Körperverletzung (§§ 224—226 StGB), die Verbrechen des schweren Raubes (§ 251 StGB) und der Brandstiftung (§§ 306—308, 311 StGB)."

Nun waren aber die Rotgardisten doch schon freigelassen worden, darunter auch die Rädelsführer, die ganze „Oberste Heeresleitung der Roten Armee" von Marl und auch alle die wilden Elemente, die nach Severings Buch die schlimmsten Verbrechen von Mord, Raub und Brandstiftung begangen hatten. Sie fielen jetzt alle nicht mehr unter die Amnestie und hätten von Rechts wegen verhaftet oder wieder verhaftet werden müssen.

Das geschah aber nicht. Die Staatsanwaltschaften, vor allem in Preußen, wurden angewiesen, diese Personen so zu behandeln, als ob sie amnestiert wären. Das war nicht leicht, da ständig Strafanträge eingingen, die die Staatsanwaltschaften bei dem herrschenden Legalitätsprinzip nicht so ohne weiteres unbeachtet lassen konnten. Man behalf sich mit verschiedenen rechtlichen Konstruktionen. Das Gesetz vom 4. 8. 1920 hatte den § 213 StGB (Totschlag mit mildernden Umständen) von der Amnestie nicht ausdrücklich ausgenommen. Man nahm also „Totschlag mit mildernden Umständen“ an.

In allen anderen Fällen bediente man sich der Konstruktion der putativen Staatsnotwehr. Zu diesem Zweck griff man zurück auf einen außergewöhnlichen Runderlaß des preußischen Justizministers vom 19. 4. 1920 (J. M. 4929), der folgenden Wortlaut hatte: „Der Herr Reichsjustizminister hat in der Sitzung der Nationalversammlung vom 14. ds. Mts. folgende Ausführungen über die Verfolgbarkeit von Personen gemacht, die in Abwehr des verbrecherischen Kapp-Putsches ihrer besseren Überzeugung nach ihre Pflicht dem Volke gegenüber und zur Verteidigung der Verfassung zu tun glaubten: ‚Auch in soweit wird bei verständiger Prüfung meiner Überzeugung nach in der Regel anzunehmen sein, daß der subjektive Tatbestand, d. h. das Bewußtsein von der Rechtswidrigkeit des Verhaltens, keineswegs vorliegt, selbst wenn man den objektiven Tatbestand einer strafbaren Handlung feststellen könnte.‘ Das kommt natürlich ganz besonders auch für diejenigen Leute im Ruhrgebiet in Frage, die dort lediglich deshalb zu den Waffen gegriffen haben, weil sie der wirklichen oder vermeintlichen Überzeugung waren, gegen Kappsche Truppen zur Unterstützung der Regierung und für die Verteidigung der Demokratie zu kämpfen.“

So wirkte sich die Tatsache, daß im Amnestiegesetz vom August 1920 Ausnahmen von dem Grundgesetz der Generalamnestie gemacht waren, verhängnisvoll aus. Man billigte den Rotgardisten Putativnotwehr zu. Das war aber nur ein Notbehelf, der später, als die Strafanzeigen der Geschädigten immer energischer wurden, sich als nicht ausreichend erwies. Besonders kritisch wurde die Lage, als das Reichsgericht durch Urteil vom 3. 10. 1929 die Auffassung der Staatsanwaltschaften, daß Totschlag mit mildernden Umständen unter die Amnestie falle, als unrichtig bezeichnete und nunmehr eine Organisation der Geschädigten im Ruhrgebiet sich bildete, die sich zur Aufgabe stellte, die Verfolgung der Rotgardisten von 1920 zu erzwingen.

Severing hatte sich im Bielefelder Abkommen zum Tabularasaprinzip bekannt, der Gesetzgeber aber hatte ihn desavouiert. Der Gesetzgeber glaubte einen Kompromiß zwischen dem Tabularasa- und Sühneprinzip zulassen zu können. Das erwies sich als falsch. Das Tabularasaprinzip verträgt keine Ausnahmen. So kam es, daß die Palliativmittel, zu denen die Staatsanwaltschaften griffen, um die Rotgardisten und Kommunisten von 1920 nicht zu verfolgen, schließlich versagten. In Essen wurde der Bergmann Theodor Ebers, der 1920 an einer Kampfhandlung bei der Erstürmung von Essen beteiligt gewesen war, verhaftet. Es folgte die Festnahme der Arbeiter Klais und Wagner, die in Remscheid 1920 einen angeblichen Spitzel der Reichswehr getötet hatten. Die Gefahr einer Generalanklage entstand. Alle Mordfälle der Unruhezeit sollten wieder hervorgeholt werden. Wir wären aus den Mordprozessen und der Mord- und Greuelatmosphäre nicht mehr herausgekommen.

Noch unglücklicher wirkte sich die Halblösung bei den Freikorps aus, die 1920 als Regierungstruppen den Rotgardistenaufstand bekämpft hatten, ferner bei der sog. „Schwarzen Reichswehr" des Ruhrkampfes 1923. In ihren Reihen waren einige vermeintliche Spitzel und Verräter getötet worden. Sie glaubten, diese töten zu müssen, weil sie als illegale Formationen, die gegen den Versailler Vertrag verstießen, keine Kriegsgerichtsbarkeit hatten. Es hat sich in den Jahren 1920—1923 im wesentlichen um insges. acht Tötungsfälle gehandelt, die dann als sog. Fememordprozesse die öffentliche Meinung in Deutschland jahrelang vergiftet haben.

Diese politischen Mordprozesse waren es hauptsächlich, die in den Jahren 1925—1930 in Deutschland eine Rechtsverwirrung anrichteten, die der damalige Reichsjustizminister Dr. Bell mit Sorge als „Justizkrisis" bezeichnet hat, die zweifellos zum Aufkommen des Nationalsozialismus mit beigetragen hat. Diese Justizkrisis wäre uns erspart geblieben, wenn wir uns rechtzeitig zum Gedanken der Tabula rasa, auch für die inneren Nachkriegskämpfe bekannt hätten.

Aus dieser Krisis gab es nur noch einen Ausweg: die Generalamnestie. In dieser Erkenntnis fanden sich Ende 1929 in Essen einige Männer zusammen, um ein überparteiliches Komitee zu bilden, mit dem Ziel, von der Reichsregierung aus Anlaß der Rheinlandräumung 1930 eine Generalamnestie zu erbitten. Diesem Komitee traten führende Persönlichkeiten des Rheinlandes aus allen Parteien, Konfessionen und Ständen bei, Persönlichkeiten, deren Namen auch heute noch einen guten Klang haben: Dr. Jarres, Dr. Lehr, Dr. Adenauer und viele andere.

Dieses Komitee beauftragte mich, eine Denkschrift als Grundlage für die Eingabe zu machen, mit der damals die Generalamnestie gefordert wurde. Ich betrachte es heute als eine Fügung der Vorsehung, daß mir, der ich sonst alle meine Akten und Schriften verloren habe, gerade diese Denkschrift in einem Exemplar erhalten blieb. Sie wurde unter den Trümmern meines Hauses gefunden. Wenn ich diese Denkschrift von 1930 lese, finde ich darin die gleichen Gedanken, die ich Ihnen heute vorgetragen habe, Gedanken, die damals Gemeingut der Besten unseres Volkes aus allen Parteien, Konfessionen und Weltanschauungen waren.

Die damals erstrebte Befriedungsamnestie trat in Kraft nach der Rheinlandräumung am 24. 10. 1930 (RGBl. I S. 467). Sie stand im Zeichen der tabula rasa und zog den Schlußstrich unter die inneren Nachkriegswirren in Deutschland. Aber man machte auch hier eine kleine Ausnahme. Man glaubte die Amnestierung der Erzberger- und Rathenaumörder damals noch nicht verantworten zu können. So wurden diese beiden Attentate als einzige Straftaten jener Zeit ausgenommen. Man war sich klar, daß auch insoweit eine Amnestie nötig sei, glaubte aber diese noch etwas verschieben zu können. Die Rathenaumörder waren tot. Die Erzbergermörder Schulze und Tillessen lebten im Auslande. Sie würden nicht wiederkommen.

So kam es, daß die Erzbergermörder, die eigentlich durch die Amnestie von 1930 hätten mit erfaßt werden müssen, erst drei Jahre später durch die Hindenburgamnestie amnestiert wurden. Inzwischen war Hitler an die Macht gekommen. Dadurch erklärt es sich, daß die sogenannte Hindenburgamnestie von 1933 aus zwei Teilen besteht, einer allerletzten Amnestie für die Unruhezeit nach dem ersten Weltkrieg und der Amnestie, wie sie nach jedem revolutionären Umschwung üblich ist, durch die die siegreiche Revolution ihre Anhänger für die Straftaten amnestiert, die sie während des Kampfes um die Macht begangen haben. Das war der Grund, weshalb diese Amnestie von 1933 nach dem Zusammenbruch für ungültig erklärt wurde. Das wurde dann auch auf den Fall Schulze-Tillessen bezogen, deren Amnestierung mit dem Nationalsozialismus nichts zu tun hatte, und so allein war die Wiederaufrollung des Erzbergerprozesses nach 1945 möglich.

Als Hitler an die Macht kam und nunmehr die politischen Gegner des Regimes verfolgen ließ, habe ich im Anschluß an den Görreshausprozeß den neuen Machthabern eine neue Denkschrift eingereicht und mit den gleichen Argumenten die Einstellung aller politischen Verfolgungen der Gegner und eine allgemeine Befriedungsamnestie im Sinne der tabula rasa gefordert. Auch diese Denkschrift ist wie durch ein Wunder in einem Exemplar erhalten geblieben. Sie wurde unter den Trümmern eines anderen Hauses gefunden.

Ich habe darin von Hitler dasselbe gefordert, was mir heute als Ziel vorschwebt: Tabula rasa, reinen Tisch mit der Vergangenheit! Und das zu fordern war damals nicht leicht. Ich bin mit dieser Forderung aber nicht durchgedrungen.

Viermal habe ich in der bewegten Zeit, die wir durchleben, eine Denkschrift über eine Generalamnestie ausgearbeitet, viermal habe ich mich in den Dienst der allgemeinen Befriedung gestellt.

Das war zuerst 1924 in Paris und London, dann 1930 aus Anlaß der Rheinlandräumung, dann im September 1933 unter Hitler und zum vierten Male jetzt wieder, indem ich der Bundesregierung eine Amnestiedenkschrift überreichte.

Habe ich recht, wenn ich heute nach dem unerhörten Zusammenbruch die gleichen Gedanken vertrete, wie ich das 1924 in London, 1930 in Essen und 1933 Hitler gegenüber getan habe? Es wird viele geben — und ich bin der letzte, das nicht verstehen zu wollen —, die das bezweifeln. Es ist alles so viel schwerer als nach dem vorigen Kriege. Es sind in diesem Kriege auf deutscher Seite Taten begangen worden, die wir alle verurteilen. Wir wollen das nicht leicht nehmen, wollen nichts beschönigen oder verkleinern.

Aber darum handelt es sich heute nicht. Es geht nicht um Schuld, Recht und Sühne. Es geht um ein anderes: Die Erkenntnis, daß, so groß auch die Schuld sein mag, so berechtigt die Sühne, es noch eine größere Notwendigkeit gibt, ohne die kein Fortleben der Menschheit möglich ist: die tabula rasa, der Schlußstrich. Es ist das Problem des Westfälischen Friedens, das sich uns von neuem stellt. Hören Sie den Mann auf der Straße, hören Sie die Unterhaltungen in den Eisenbahnzügen, überall, wenn man auf diese Dinge zu sprechen kommt, auf die Prozesse, die Verfolgung der Gefangenen. Ein jeder sagt: Schluß damit! Vox populi. Das ist hier der Ausdruck eines Rechtsgedankens. Ohne Schlußstrich geht es nicht. Es ist der einzige Ausweg aus der Sackgasse, dem Chaos. Ich weiß, das ist alles so schwer, weil das ja uns nicht allein betrifft, und wir das allein nicht lösen können. Die Siegerstaaten stehen vor den gleichen Problemen. Aber einmal muß der Ausgleich kommen, der Frieden, der reinen Tisch macht mit den Problemen, die uns der Krieg und die Umwälzung hinterlassen haben. Tabula rasa bedeutet Verzicht. Verzicht auf allen Seiten. Die gelitten haben oder verfolgt und geschädigt sind, werden auf Sühne verzichten müssen. Aber leisten nicht viele von denen, denen die Amnestie zugute kommt, auch Verzicht? Sagen nicht viele von ihnen: „Wir wollen keine Amnestie, wir wollen unser Recht?"

Man wird mir entgegenhalten: So wollen Sie auch wirkliche Verbrecher amnestieren? Darauf ist zu erwidern: Das ist ja aber doch immer so, daß bei einer Generalamnestie auch wirkliche Verbrecher freikommen, die das nicht verdienen. Glauben Sie wirklich, daß es den Friedensmachern von Münster und Osnabrück leicht fiel, alle Schandtaten auszulöschen, die damals die deutschen Lande mit Grauen erfüllt haben? Man versetze sich in die Zeit des 30jährigen Krieges. Auch damals sind furchtbare Dinge vorgekommen, und die Schrecken dieser Zeit sind in manchen Gegenden Deutschlands bis heute lebendig geblieben. Und dennoch hat man sich in Münster und Osnabrück zur Generalamnestie entschlossen.

Der Vorteil der Tabula rasa ist der, daß hierbei über Schuld und Verantwortung nicht mehr diskutiert wird. Man macht reinen Tisch für die Zukunft. Es gibt kein Streiten mehr, keine Rechthaberei. Diese Plattform können alle betreten, Sieger und Besiegte. Es geht nicht um Prestige. Es wird niemand gedemütigt.

Man wird einwenden: Die Zeit dafür ist noch nicht reif. Es gibt viele, die das sagen, und wenn man manche Stimmen aus dem Ausland hört — Deutschland nicht ausgeschlossen —, kann man erschrecken. Aber das darf uns nicht hindern, die Probleme aufzuzeigen und auf das Ziel hinzuweisen, das erstrebt werden muß. Noch sind Haß und Leidenschaft groß. Noch ist das Urteil durch Ressentiments getrübt. Aber der Umschwung der Stimmung wird kommen, wie er nach dem vorigen Kriege kam — mit Macht.

Ist die Zeit reif? Ich meine ja. Man kann gar nicht schnell genug zur allgemeinen Befriedung kommen. Als wir 1924 in London den Schlußstrich zogen, da waren noch keine sechs Jahre vergangen, seitdem wir die Waffen niedergelegt hatten. Heute ist genau die gleiche Zeit seit dem Zusammenbruch von 1945 verstrichen. Es ist erschrecklich, wie weit wir noch in der Entwicklung zur tabula rasa zurück sind. Es wird Zeit für diejenigen, die die Verantwortung tragen, die Erkenntnis aus der Entwicklung zu ziehen.

Mit dieser Auffassung stehe ich nicht allein. Ich entnehme der Wochenzeitung „Christ und Welt“ vom 19. 1. 1950, d. h. vor einem Jahre, daß damals der Oberkommissar McCloy in seiner Antwort auf ein Schreiben an den amerikanischen Bischof Muench geschrieben habe, die Zeit für eine allgemeine Amnestie sei noch nicht reif. Bundesjustizminister Dr. Dehler dagegen meinte, es müsse ein allgemeines „Vergeben und Vergessen wie nach dem Dreißigjährigen Kriege" Platz greifen. Das sind die Gedanken, die ich heute vor Ihnen entwickelt habe. Die Zeitung „Christ und Welt" fügt hinzu: „Wir glauben, Dehler versteht in diesem Falle die Zeichen der Zeit besser als McCloy."

Die übrigen Einwendungen fürchte ich nicht. Es sind die gleichen, wie sie auch gegen die Generalamnestie nach dem ersten Weltkrieg erhoben wurden. Die Amnestie soll die Rechtssicherheit bedrohen? Das ist in der Tat gegen einen zu leichten Gebrauch der gewöhnlichen Nützlichkeitsamnestien einzuwenden. Die Tabularasa-Amnestie soll aber doch gerade dazu beitragen, das Recht wieder aufzurichten. Dazu bedarf es eines reinen Tisches, der nicht mehr mit den Schlacken von gestern beladen sein darf.

Der Mann unter unseren Gegnern, der im Krieg unser gefährlichster Feind war, dem auch wir die Größe nicht absprechen können, hat es am ehesten begriffen, Winston Churchill. Er hat alsbald nach dem Nürnberger Urteil im November 1946 im Unterhaus sich öffentlich dazu bekannt: „Nun aber Schluß mit Rache und Vergeltung!"

Tabula rasa durch Generalamnestie nach innen und außen, das ist der Inbegriff der christlichen Lehre, der frohen Botschaft, des Evangeliums:

Frieden auf Erden!

www.ingramcontent.com/pod-product-compliance
Lightning Source LLC
LaVergne TN
LVHW100411051026
849518LV00003B/1233
* 9 7 8 3 6 6 3 0 0 5 7 0 4 *